MÁQUINAS PODEROSAS

LOS CAMIONES DE REMOLQUE

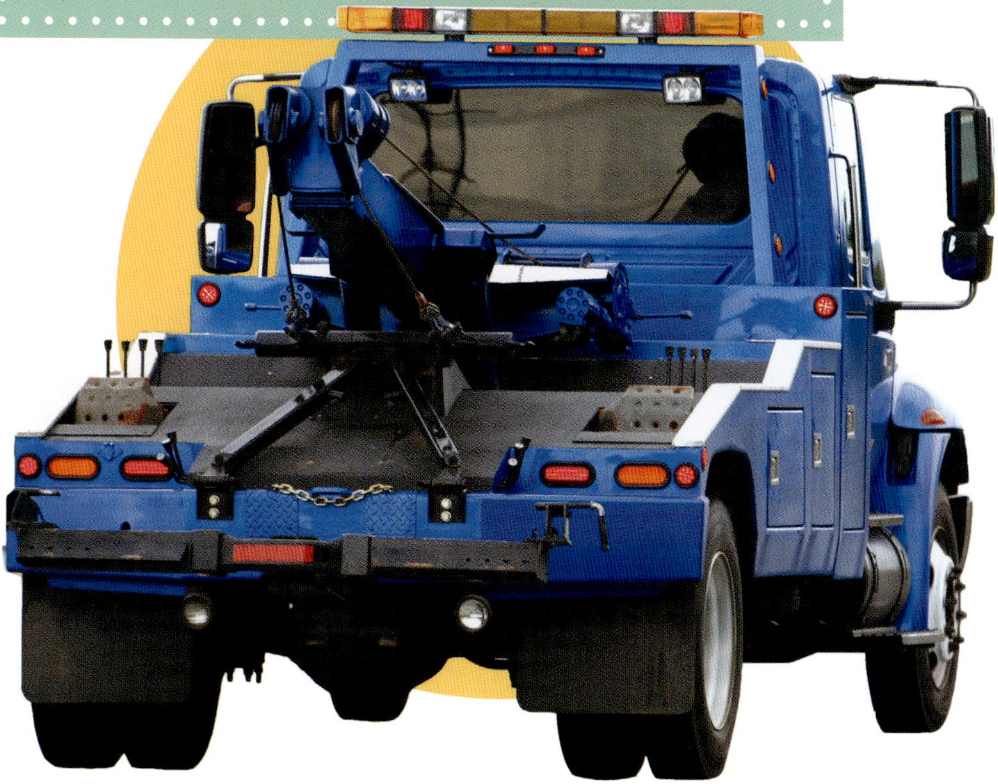

por Wendy Strobel Dieker

AMICUS | AMICUS INK

luces

gancho

Busca estas palabras e imágenes conforme lees el texto.

cabrestante

rodillo de elevación

Aquí viene un camión de remolque. ¿Qué puede hacer?

Los camiones de remolque tiran de otros. Son fuertes. Remolcan automóviles y camiones descompuestos.

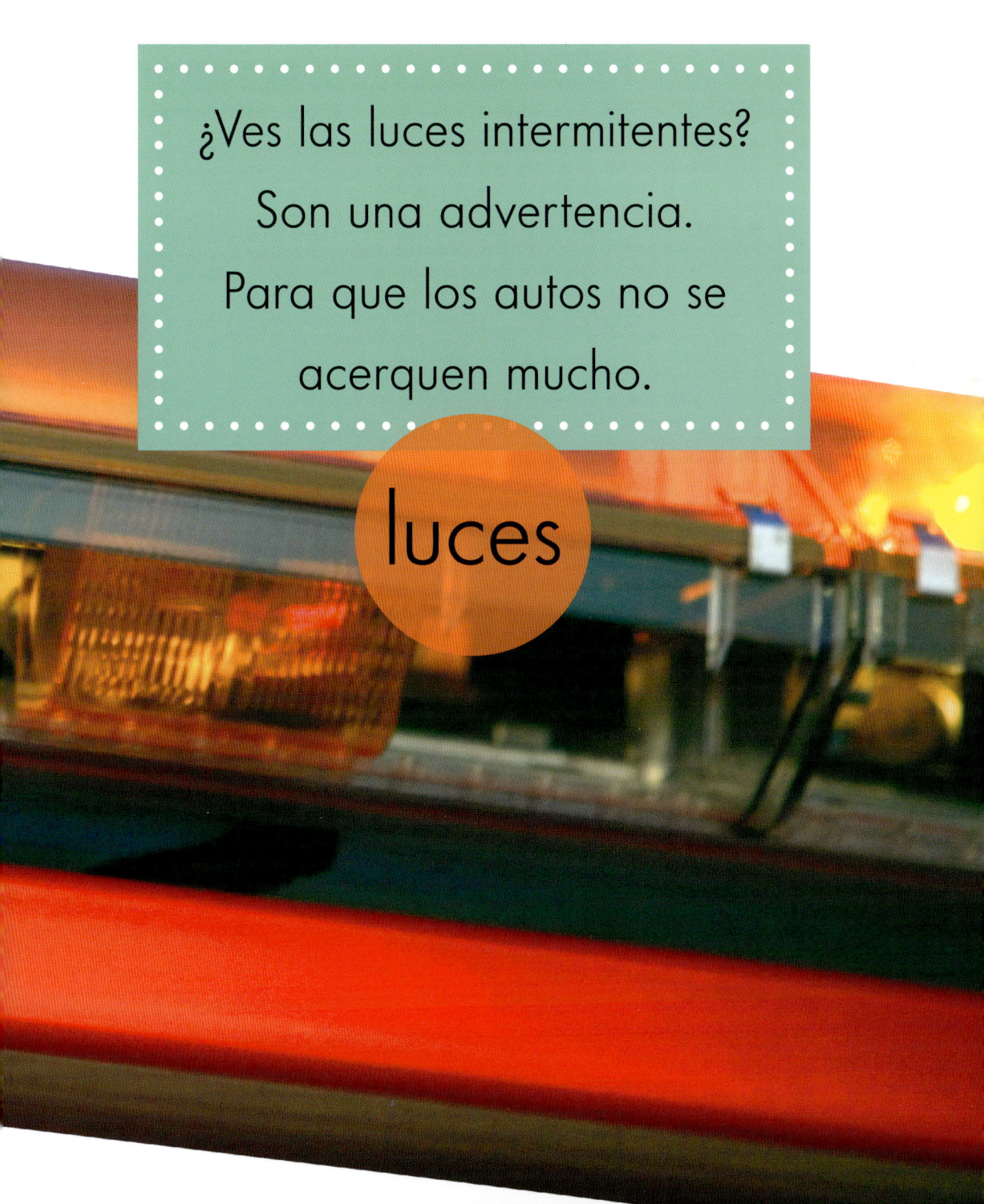

¿Ves las luces intermitentes? Son una advertencia. Para que los autos no se acerquen mucho.

luces

¿Ves el gancho?
Tiene un pestillo.
Se engancha al auto.

gancho

¿Ves el cabrestante? El cable se enrolla alrededor de él. Levanta el auto.

cabrestante

¿Ves el rodillo de elevación? Levanta un extremo del auto. El camión de remolque se lleva el auto.

rodillo de elevación

Los camiones de remolque ayudan a mantener las carreteras seguras.

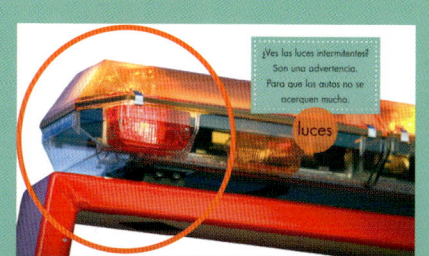

luces

gancho

¿Lo encontraste?

cabrestante

rodillo de elevación

Spot es una publicación Amicus y Amicus Ink
P.O. Box 1329, Mankato, MN 56002
www.amicuspublishing.us

Copyright © 2019 Amicus.
Todos los derechos reservados. Prohibida la reproducción, almacenamiento en base de datos o transmisión por cualquier método o formato electrónico, mecánico o fotostático, de grabación o de cualquier otro tipo sin el permiso por escrito de la editorial.

Información del catálogo de publicaciones de la biblioteca del congreso
Names: Dieker, Wendy Strobel, author.
Title: Los camiones de remolque / by Wendy Strobel Dieker.
Other titles: Tow trucks. Spanish.
Description: Mankato, Minnesota : Amicus, [2019] Series: Spot. Máquinas poderosas | Includes bibliographical references and index. | Audience: Grades K to 3.
Identifiers: LCCN 2018002385 | ISBN 9781681516097 (alk. paper)
Subjects: LCSH: Wreckers (Vehicles)–Juvenile literature.
Classification: LCC TL230.5.W74 .D5418 2019 | DDC 629.225–dc23
LC record available at https://lccn.loc.gov/2018002385

Impreso en China

HC 10 9 8 7 6 5 4 3 2 1

A mis favoritos conductores de máquinas poderosas, Big Jerr y Smoke 'em Joe – WSD

Rebecca Glaser, editora
Deb Miner, diseñador de la serie
Veronica Scott, diseñador de libro
Holly Young, investigación fotográfica

Créditos de Imágenes: Alamy Stock Photo/Stephen Barnes, 10–11; Flickr/JOHN LLOYD, cubierta, 16; Getty/Thinkstock, 6–7; iStock/kozmoat98, 1, Jodi Jacobson, 3, Terryfic3D, 4–5, traveler1116, 14–15; Shutterstock/CC7, 8–9, blurAZ, 12–13

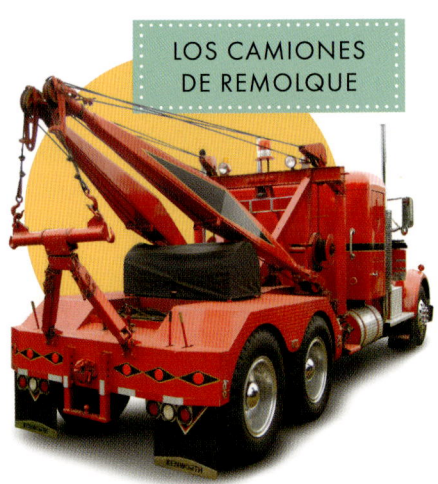

LOS CAMIONES DE REMOLQUE